JN438049

무첨당의 5월

지성 · 감성의 메타언어
조선문학시인선 · 304

무첨당의 5월

신순임 시집

조선문학사

▌서문

시인이란 이름값이 무거워
집안에 고이 모셔 두고만 본다.

도리 기둥에 내려앉은 달빛도 시를 쓰는데
아직도 시의 길은 멀기만 하고
무시로 저벅저벅 걸어 들어오는 무첨당의 사계를
있는 그대로 옮겨보았다.

조선의 양반마을,
오백년을 지켜 온 세계문화유산의 빗장을 열어
지구촌에 선보이는 즈음
미약하나마 회재선조의 명망을 찾아드는 내방객에게
솟을대문 열어젖히면 막아서는 내당 중문,
베일 속에 가려져 있던 내당을
장독대까지 다 열어 보여
혹여 무첨당의 무게를 줄이지는 않았는지
맘 쓰인다.

오늘도 집안 구석구석 찬찬히 살펴보며……

2011년 가을에
신 순 임

신순임 시집 / 차례

무첨당의 5월

서문

제1부
물도리 마을

제2부

무첨당 사계

제3부

멧비둘기

시집 평설

제1부

물도리 마을

보시

텃밭머리에 호박 서너 포기 심어두었더니
며느리밑씻개와 자리다툼 하느라
열매 달기는 잊고 쫙쫙 뻗어 올린 줄기로
여름을 보냈다

막대기로 몇 번이나 속을 뒤져 봐도
애동 호박 하나 없더니
찬 기운에 은둔한 호박이 수두룩하다

초복 전에 맺은 것을 고르노라니
잘 생기고 큼직한 것 하나
들쥐 밥상이 되어
전신 공양을 하던 중이더라

세배

고운 설빔을 차려 입고서
조상님 계신 태극문 열어
새해가 밝았음을 사려
세배를 올렸습니다

도포에 갓 쓴 어른
신식 문명을 받아들인 신세대
때때옷 곱게 입은 동자
4대가 함께 맞은 설날

어버이에서 웃어른께는
건강하시고, 복된 생이길 기원하며
문 밖에서 절 올립니다

형제끼리는 맞절을 해
서로를 위해줍니다

한방 가득한 동자들 엉덩이 쳐든 품새에
방바닥 엎드린 꼬맹이 세배에
복 터지는 소리 댓돌을 내려 서
마당으로 퍼지고

식민지 세대에서 디지털 세대까지
건네는 덕담의 맑은 기운
좋은 일들만 불러들이고
서로에게 따스한 등이 되리라 되새김하는데

돌아 앉아 헤어 보는 세뱃돈에
검게 썩은 이빨 다 보이는 아이
참으로 이쁩니다

정월 대보름

1.

부스럼 나지 말고, 이빨 튼튼하고
좋은 소식 많이 들으라고
다락문 찌그덕 밀고 나온 부럼
귀밝이술과 겸상하고
어른에서 아이까지 한순배 돌기를 기다린다

2.

무더운 여름 수월히 나라고
오곡 어우러진 찰밥에
갖은 묵나물을 차려 올렸지
볶은 콩가루 입혀 먹으면
찰떡 맛나던 식은 밥
밥 때 지난 손님 기다린다고 꼬들꼬들

3.

맵시낸 아낙들

세상 시름 잊고 걸판지게 놀아보라고
멍석 깔아 놓았구나
윷이야, 모야
땅을 울리고, 농한기 끝임을 하늘에 알린다

4.
고운 치맛자락에 봄소식 묻어올라
널뛰는 처녀들 쿵덕쿵덕 신명난데
논둑 가로지르는 저 신사는
누굴 찾아왔을까나

5.
연 날리는 아이들 팽팽한 줄
말았다, 풀었다 봄바람과 힘 겨루며
하늘 높이 큰 포부를 띄운다

6.
아랫마을 이기면 풍년이요

윗마을 이기면 동네 평안이라는
기원 담아 삼은 줄
이겨도 그만, 져도 그만이련만
홍해 양반 분풀이 육두문자 들을수록 재미나고
인근 마을까지 합세해 당길 땐
동네 잡신 다 내 쫓을 함성을 낳는다

이긴 편 줄 잘라다 지붕 위에 던져 올려
무병을 빌 즈음
지신 밟으러 오는 패
막걸리 신도 함께 화주술을 늘어놓고

7.
안락천 강변 대나무에 걸린 달집
소원지 하나, 둘 더해 가면
누런 달덩이 성주봉 소나무 위로
두둥실 떠올라 절 받는다

소원지와 함께 타는 달집
시뻘건 불길 속에
보름달 저만치 흘러감도 모른 채 사그라든다

바람에 가오리연 빼앗긴 아이들
깡통 가득 달집 태운 불씨 담아 돌린다
하늘 높이 던지는 불씨
보름밤 축제의 마무리다

귀신 단오

먼 길 나섰다 가는
귀신 만난다고
해떨어지기 전 집 들어가라는
정월 열엿샛날

귀신 들어오지 못하게
쳇바퀴에 가시나무 얹어 대문에 걸어두고
귀신 발에 맞음 신고 가면 죽는다고
신발 엎어 두고
우환 있는 자 헌옷 대문 밖에 내어놓아
귀신이 입고 가야 우환 낫는다는 날
장단지 뚜껑 열면
맛이 달라진다지

귀신이 있네, 없네 하는
시절을 살아가는 우리네 팍팍한 일상에
잠시 눈 감아보면

귀신도

하루 맘껏 즐기라고

귀신 단오란 명절을 만든

조상님네

삶의 여유가 넉넉함으로 다가온다

중화절
— 영등

이월 초하룻날
인간 세상으로 내려와
스무날 동안 농가의 실정을 살피고
하늘나라로 올라간다는
영등 할매
딸 치마 예쁘게 보이려고
바람을 만들고
며느리 명주옷 샘이 나서
비를 뿌린다고
시어른은
지극 정성으로 영등 할매를 섬기셨다

잠 많은 나는
정안수 한 그릇 뜨는 시간도 지키지 못하고
내일은 꼭 지키겠다 다짐하고서도
늦잠을 잔다

바람 데려오면 흉년 들고
비를 데려오면 풍년 든다니

부엌에 상 차려 며느리 데려오기를
치성을 드리면
쑥떡 향 풍년을 피워 올린다

입춘

먼데 산
남은 잔설마저
꽁무니에 매어 달고
대문을 두드리는 손님

구들장의 겨우살이와
밀창으로 빼꼼히 고개 내민
게으른 주인 향해
내리는 불호령에
묻어나는 훈풍이
빽빽한 빗장 벗기자
와락 달려드는
개문만복래(開門萬福來)
입춘대길(立春大吉)
건양다경(建陽多慶)
가화만사성(家和萬事成)

완연한 봄기운 품 안에 안고드니
저만치 먼저 간 발걸음
보리밭 가운데
늦잠 자는 풍년을 깨운다

장 뜨기

어두컴컴한 오지항아리 단칸방에
가솔 이끌고 이사한 일가
금줄 두르고
오로지 수행정진에만 힘 쏟으니
신안 앞바다
두고 온 모택 위해
밤낮으로 들인 치성에
은근히 삭혀 내는 메주
날마다 훔쳐보던 맑은 햇살 탄복하여
날라 오는 절절한 사연에
점점이 물들어 가는 바다
본연의 맛 쏟아 내고
단맛을 키워냈다

삼월 그믐 해제 날에
폭삭 삭은 바다에서
이름마저 까먹은 파도 앞세워 걸어 나오는

대추, 고추, 숯

해수욕장이 오염되었다며
맑은 햇살에 몸 말린다

물도리 마을
— 하회

입구자 골기와집 너른 뜰에
주인의 휘자와 명성 선명하게 박힌 안내판
덩그렇게 서서 나그네의 발길을 잡는데
좇아 나와 빗장 끌러 주인장에게 알리는 이도
낭랑한 글 읽는 소리도 없이
차별화된 민박집 숙박료가 화두이다

겸암 선생의 드넓었던 혜안은
화천서원에서 빛발하고
징비록 집필하신 옥연정사 아래
낙동강 백사장엔
서애선생의 구국충절이 묻혀드는데

표 먹는 사람들은
하나 같이 오백년을 거슬러 먹고
부용지애
리허설 중인 연기자들 등 뒤론

쉼 없이 자맥질하는 나룻배 허연 거품을 토하네

유네스코 등재 1주년 기념 축제에
모래알만큼의 구경꾼들 내뿜는 열기에
말 잃은 낙동강
습기를 부려 놓기 바쁘구나

백중

삼복이 다녀 간 길에
우수로 남은 땡볕이
알몸으로 마당을 뒹굴고

상다리 휘어드는 풋굿날*
목욕한 호미 꿀잠 자면
농역에 굽은 허리
막걸리 사발에 주욱 늘어져
한 여름의 노독을
놀이마당에 걸판지게 풀어낸다

알곡 살찌우기 시작하면
바람 살랑이는
모시적삼 안으로
보드라운 살갗 찾아 들고

부처님 법력으로

조상님 좋은 곳 드시길 빌러 가는 산사 길에
늘어진 녹음이 그늘 보시하네

* 풋구 : 호미씻이, 밭의 김매기가 끝나고 동네 농군들이 술과 음식을 먹고 노는 풍속.

서라벌, 달

경주문화원 뜨락에 서면
헝겊 쪼가리 두른 마네킹이 뚜벅이 하고
마음 자락은 천년을 거스르느라 미열을 쏟는다
붉게 화장한 나무 칸살
지난 세월 곱씹는 자리에
에밀레종 쉽게 어미를 부르고
저녁공양 목탁소리에
반월성으로 떠난 임 그리는 석물들의 떨군 고개
어스름 달빛이 쓰다듬는다

횃불 하나 이고 섰던 석등
화려했던 불교의식
용맹스런 화랑정신
서라벌 떠나던 경순왕의 뒷모습
남산을 향한 말고삐에 눈물 흘리던 마의태자
수은등에 밀린 사연 엮어
서까래에 단청 옷을 입혀 놓았다

고유제에서 받은 약주 기운에
뒤뜰 은행나무 한 쌍
늘어난 가솔 헤아리다 기우는 달빛에
살풀이 굿판 열어
신라의 원혼 달래느라 하루를 쪼그린다

임청각

안동 법흥동에 가면
군자금을 위해 종가를 저당 잡힌 기개가
3대에 12분의 독립운동가를 낳은
임시정부 초대 국무령 석주선생의 명문가가 있다

나라 잃은 백성이
남의 땅에서 왜놈 음식 먹으며
유지하는 생명 부질없다 신 선생 뒤로
청포도 익어 가는 계절을 노래하신 이육사에서
팔십 노구에도 독립 위해 고역을 자청하신 의병장 김도하옹
이름 석자 남긴 민초들에겐
종가댁 행랑채에 놓인 중앙선 철로가
만주행을 부추겼다

말로 다 못할 고행 끝의 해방자락에
사대부가 지식인들은 지상낙원으로
사회주의에 심취하여 이빨 빠진 가족사를 남기고

대한민국 감시망에 적색 줄을 그었다

일본 순사 피해간 군 자정엔 적막이 혼자 남아
빈 연못 벗해 낙동강 모래알 헤아리는데
서간도 바람 무료함 달래고, 4대강 개발에
역사의 뒤안길로
숨어드는 옛 그림자 보인다

장 담그기

시월상달에 뜸 들여 밟은 메주
동지섣달 볏짚과 동침하다
오지 집으로
정월 첫 닭날에 이사 간다

대추알 일곱
빠알간 건 고추 일곱 개
잘 말린 참나무숯 세 동가리
달랑 한홉거리 이삿짐을 두고
너 말의 서해 바다는 쉬지 않고
파도를 만들어 짐을 불린다

엇꼰 금줄 목걸이에
깊은 맛 잉태한 항아리
정갈한 햇살 안고
푹 빠진 태교
단맛 난 장 해산할 날 기다린다

섣달그믐

이 가정 지키시느라 수고하신
성주님 앞에 촛불 켜고
새해도 무탈하게 해 주십사 빌고
부엌 지키시는 조왕님 향해
가마솥에 불 밝히고
좋은 기운 새해에도 이어지게 해 주시고
밤새 불 켜져 있길 비는데

모처럼 만난 종반*간
올랐다 내렸다 하는 웃음소리
참 듣기 좋으네

지난 건 잊음이
미래엔 설레임을 가져 보는 시간
만감의 교차로 앞에
깜박이는 황색 점멸등

* 종반 : 사촌.

차전자

거친 발걸음에 밟힐수록 더 강해진다지
한반도에 발붙이게 된 것도 전란에 이용할 표적으로 삼으려 첩자로 하여금 너의 씨앗을 뿌렸다지

한반도를 차지하려는 저들의 야욕이 수도 없었지만 슬그머니 먹어치우려는 독도
국제분쟁지역으로 만들려는 저들의 국회의원 3명이 한국행 비행기를 탔다니
그것도 다음 선거에 이용하려 하였다니
저들의 뿌리가 백제임을 공공연히 말하면서 섬나라 근성을 못 버리는 그들

양은 냄비 달구는 민심의 분노에 한국산 김을 사선 슬쩍이 돌아섰다니 이번엔 공항바닥에 뭘 뿌렸을지

연일 들끓는 한일 감정에 불 지피는 독도, 다케시마
질경이 바위섬이 된다 해도 어지중간 것은 멀리하는 우리 민족은 타원형의 잎은 삶아 무침 해 먹고 씨앗은 달여 마셔 너저분한 속 찌꺼기를 시원스레이 걸러 낸다

송편 빚기

예쁘게 빚으면
이쁜 낭군 만날 기고

땜질하면
첩 들인단 일침에
말이 씨 될까보아
모양내느라
더딘 손으로 피우는
한가위 꽃

맏이 떡은 작아지고
기차 떡은 주먹뎅이 된다니

모두들
눈 돌리는 소리
허연 김에 싸여 들고

제2부

무첨당 사계

양동의 봄

댓돌 위 하얀 코고무신에 얹힌
택배 상자의 포장지를 끄르자
코를 간질이는 향내 사방에서 풍겨온다

뾰족한 머릿힘으로
하늘 이고 선 상사화
희다 못해 푸른빛 머금은
청매화의 고고한 자태
벌 날갯짓에 여여하게 몸짓하는 산수유
고봉밥을 뜬 며느리밥풀꽃이
배고픈 며느리 기다리다 지친 언덕에
곤한 잠 깨는 대지의 심장 박동소리
숨 가쁘게 들려온다

흙에 뿌리박은 종들의 거침없는 삶이
소담스런 초가와 각선 기와를 안고 들어
오방색 조화를 빚고 들어
골골이 복닥이는 구경꾼들 가슴에
곱게 봄을 새긴다

무첨당의 5월

나랏님도 살지 못하는 국가 보물에 살고 있으니
전생의 무슨 복을 지었는지

너른 뜰에 자연이 빚은 조화로움
무첨당 파련대공과 맞장을 두는 봄날
비탈진 언덕에 금방이라도 곤두박질칠 것 같은
복두 밥사발이 일렁인다
은근한 한약 향내 퉁벌이 먼저 시식하는 작약밭
수줍은 털 고깔 눌러 쓴 해당화 열매
덤불 위에 얌전히 올라 앉아
먼데 바닷바람 그리고
감나무 아래를 통으로 깔고 앉은 봄 구절초
댓살 아이랑 키재기를 하는데
널따란 마당에 흩뿌리던 송화가루
엊그제 비에 한풀 꺾여
벌겋게 숭숭 뚫린 구멍이 어미 아랫배 마냥 축 늘어진다

오월의 햇살이
하얀 작약 이밥, 해당화 조림, 봄 구절초 된장 무침
솔순 늘임이……
보기만 해도 배부른 밥상을 차리는
유서 깊은 집

알록달록 차려 입은 상춘객의 환호성
"어머머, 옛날 우리 클 때 보던 것들이네"
마당 구석구석 들리는 찰칵 찰칵 소리에
못내 흐뭇한 무첨당
세월에 묻혀 오백년을 그렇게

달빛

맨드리한 주춧돌 땅의 기운 모으고
둥근 기둥 골고루 나눈 힘의 균등
처마선에 속살 걷어 올린 도리
난간에 새긴 연꽃문양이 천상계라

길게 뻗은 배롱나무 그림자
마당 깊이 들어와
고택 한 채를 더 지어 놓은
달빛의 마력

신선만이 노닌다는 천상에
청아한 대금소리
문살 하나하나에 꽂혀
지나는 바람소리도 한곡 보태이니
발아래 지상이야 내일이면 잊혀질저

향긋한 매화 향에

까만 밤도 취한 대청마루
애끓는 사철가 한 소절에
청주 한잔 안주 삼아
밤을 낚아 올리자니
은근한 달 그림자가 무첨당 주인공이다

* 도리 : 기둥과 기둥 위에 건너 얹어 그 위에 서까래를 놓는 나무.

까치집 · 1

겨울 햇살 따사로운 툇마루에 앉아
먼데 하늘더러 워째 그리 깨끗소 하니
구름놈 날 싫다 하잖소
혼자 너르게 앉았으니 좋소이다 한다

몇날 몸살로 방구들 신세지는 사이
공사판 소리 요란하더니
높은 나무숲의 무허가집 다섯 채 생겼다

그놈들 행실 하도 고약해
멀리 이사 가길 바랬더니
두 채나 새집을 늘린 봄
곧 식솔이 배는 늘 것 아닌가

요행히 경비원 백구 집 위에 한 채는
기초공사 하다가 부도를 냈고
한 채는 미분양이다

올 겨울이 오면 은행나무 꼭두머리에
'까치집 세놓음
단, 가족계획 있는 집 특별 우대함'
이라 크게 써 놓아야지

까치집 · 2

진현이네 집 마당에
목련이 별처럼 떠 있습니다

가지 끝에 무리 지은 별은
은은한 향을 날리며
주인장과 열애중입니다

그 모양새 보기 좋아 이웃 불러 놓고
삼겹살 지글지글 구워내니
별 하나에 사연 하나
웃음 한바탕으로
주인장, 심정 헤아리고들 앉았으니
심통난 마누라
날 그리 그윽하이 봤으면
찬이 달라졌을 긴데 라며
뿌루퉁 돌아앉자
알아차린 모닥불

매캐한 연기를 뿜어내고
까치 한 마리 춤추는 별 사이를 누비며
부지런히 미분양집을 꾸민다

밥술깨나 먹어야
까치가 집을 짓는다는데
까치놈 안목에
올 농사는 뒤란 곳간까지 채울라나

문 바르기

창호지 숨구멍이
비닐 테잎 덧입히었더니
명줄 끊어진 바람의 동족들
경계의 끈 옥죄이다가
따끈한 밥 한 그릇, 민들레 샐러드에
무릎 꿇은 사이
활짝 열어젖힌 덧문 앞에
새색시 저고리 훔쳐 입은 수선화
반쯤 수그린 고개에
연정은 더욱이 피어나고
골다공증 앓는 창호지 수술대에 눕혀
한입 물로 잠재워
묵은 때 벗기고
튀어나온 칸살 두드려 박고
새 옷 갈아 입혔더니
봄기운 취한 고택
손님 맞을 준비 부산하다

봄 밥상

현미 찹쌀에 쥐눈이콩을 한줌 넣어 고실한 밥을 지었다
된장 엷게 풀고 보드라운 쑥 한 움큼 넣어 국을 끓이고

알뿌리에 겨울을 농축시킨 달래
해동한 땅에서 쏘옥 고개 내밀기에
식초 한 숟갈 뿌려 매운 내 빼고 버물리고

첫물은 첩도 안준다는 정구지
밀가루 옷 입혀 지져내고

겨울바람 다 받아내고
땅 밑 기운 꼭대기까지 빨아 올린 두릅 꺾어
초간장을 곁들이고

간의 피로를 걷어 낸다는 민들레
새콤달콤하니 겉절이해서
거하게 한상 차렸더니
삼겹살이 빠져 허전하다는 가족들
"토끼 풀밭 만나 좋겠네" 투정이다

우수지절

된장찌개 보글보글 끓듯이
가지 끝에서 눈 뜨는 매화

담장 위에
노란 비누 거품 풀어 놓은 산수유

겹겹이 포개 입은 외투자락에
속저고리 슬쩍 비추이는 목련

동이 틀 때부터 쉼 없이
중계방송을 하는 직박구리

금마타리 새끼들 분가 시켰노라고
상사화 꽃대를 기다리느라 늘어난 고개
뒤로 젖혀졌다고
모싯대 쪼글은 주름살 햇볕에 내다 놓고
돌단풍 벌건 아랫도리에 묻은 흙 털어내고

범의 눈 돌담 사이로 드는 볕을 막아 버렸다고

올 봄엔 키 키운다는 아이
축구화 자국에도 고인 봄
양철 물동이 남실대며
기세 좋게 대문을 밀친다

곡우지절

제초제는 흙 속에 오래 머문다기에
애써 호미질을 하고 예초기를 돌린다
4월이 오면 고마움의 답으로
무첨당을 감싸는 야생초들 뽐내기가
카메라 렌즈를 당긴다

대문 지키는 주목 두 그루 샛노란 싹으로 키 크고
마당 지킴이 돌배나무 세수도 모르고 회춘한 이화
보름달 속으로 봄 소풍 간다
혈기 왕성한 목련 촐랑대다
누런 옷 걸치고 징징 짠다

미인 대회가 열린 뜨락
늘씬한 몸매의 금낭화
풍성한 드레스 자락의 담초, 기린초, 바위 손을 숨기고
춘녀의 별칭 얻은 하늘매발톱 여전히 눈알 굴리는데
돌단풍의 위세는 간간이 찾는 소나기나 이길거나

은방울꽃, 아주가, 섬백리향
얌전하게 띄우는 향내에
기왓장도 내려 본다

이름 모르는 풀들 합창 소리에
마루 밑 쟁기 늦잠 자다가 토하는 하품
난간을 들이 박고

창호지 너머 대청엔
빼곡한 글자들 마당 돌며 묵향을 날리고

오월 어느 날

가을이와 백구가 차례로 집을 떠났다
가을이는
동경이로써 귀가 서지 않았다는 품평에
백구는
진돗개라는 신분을 어기고 가을이랑 바람이 나서
혼혈을 출산했다는 죄목으로
새끼들은 DNA 검사와 친자 확인 차
순식간에 적막강산이 된 집

상춘객의 얼그레한 취기가 "이리 오너라" 소리 높여 보지만
개마저 답이 없으니 "아무도 안사나 보네" 한다

든 자리는 표 안 나도, 난 자리는 표 난다더니
내당 안 처마 밑에 까지 날아드는 날짐승들
요기에 맛난 게 있었는데 여적지 몰랐다며
멀리 동무까지 불러 와 잔치집이다

퍼덕이는 날갯짓에 일일이 답하려니
요놈들 간이 배 밖으로 나왔나
삐거덕 문 여는 소리에 꼬리만 까닥 들었다가
고 자리 다시 앉아 떨던 수다를 이어간다

고얀놈들
며칠만 매구 장단으로 놀래지
백구가 돌아오면, 네깐 놈들은 한방에 날릴테니

* 매구 장단 : 청송 지방에서 쓰는 말로 제 멋대로 놀아나는 것을 일컬은 말.

입하지절

잠자던 풀씨 흔들어 깨우던 신록

손톱 밑에 앉은 풀물
양말짝 손빨래로 씻어내고
그을린 낯빛 파운데이션으로 변장해
경주행 시내버스에 몸 얹자
형산강가 낚시꾼의 파라솔
모처럼 나들이에 따라 나서고
물고기 한 마리 낚아 도망가는 물총새 위로
달려온 구름 빈 하늘에 발을 친다

강 건너 오금리에는
좋은 엄마 되길 기도하신다는 민 선생 내외분이
이슬 쉬고 앉은 텃밭에
한골의 시어를 뿌리고
낮달 빠진 냉수사발 벌컥 들이켜시겠지

강동을 돌아 나올 때 묻어온 아카시아 향
아랫시장 생선가게에 일찌감치 찾았던 파리와
손잡고 골목길 돌아들고
저만치 선 지인의 반기사에
주름치마 밑단 흑장미 폈다 졌다

초여름 양동

곰삭은 열무김치에
식은 밥 한 덩이 말아 먹은
경운기 소리
탕 탕 탕 탕
첫 새벽 촌락의 아침을 연다

살 오른 해 중천까지 건너와
호미질 지친 팔뚝 아래로
둥글둥글 타박 감자
세상 구경 나오고

무논마다 갓 태어난 개구리 소리
안락천 넓적한 연초록 물결의
키를 쑥쑥 키운다

노곤한 몸
창모자 사이로 노을빛이 들고
하루치 행복
덜커덩거리는 언덕배기도 신명이로세

태풍
— 메아리

신묘년 오월 임자 시조부 기일에
온종일 줄기차게 비가 왔다
가족들 모두 외지에 있는지라 제사에만 참사하라는 기별을 놓고
부지런히 정지칸을 드나들었다
떡 솥에 김이 오르고 생선 굽는 연기 낮게 내려깔릴 때
불참을 알리는 전화벨 요란하고
제물들 하나하나 평접시에 올라앉는다
이 댁 입문하여 두 번째 가라면 서러울 여름 제사에
군불 때고 겉옷 챙겨 입기는 처음이라
제사 참사하러 온 메아리가 고맙기까지 하여라
텃밭 한가득 고인 빗물에 발 담그고 선 오이며 고추도
간만에 면해 보는 갈증에 어깨 힘 풀고 즐긴다

장마

지글지글 끓던 태양 휴가 떠난 자리
마른하늘 쥐어짜는 잿빛 구름
몇날 며칠 우산이끼 키를 부쩍 키우노니
몸 무거운 두꺼비 어그적 어그적 마당가 오가고
방충망을 기어오르는 청개구리
시시때때로 소리통 울리고
낮에 실컷 못 논 나방
불빛 반겨 몰매 맞고
한 순갈 물에도 새끼 치는 모기 이산가족 찾기 하고
눈치 없는 민달팽이 아무데나 비단실 뽑으면
노크도 없이 방 안 기어드는 지네
단 맛 좇아다니며 독침을 마구 꽂는 땡삐
한나절이면 온통 집안이
습기 마시고 사는 생명들 천국이 되어
살생부를 적게 한다

무소유

진흙 물어다 정침에 집을 짓기에
아래채에 맘대로 지으라고 쫓았더니
기어이 정침에다 집을 지었다
축담에 쌓이는 제비똥 무더기에
개미가 또 집을 지어 물청소를 한다
찌이익 찌이익 찍
머리 위에선 새끼들이 어미를 찾느라 울고
12마리의 친척들은 아침 마당에 고요를 깡그리 몰아낸다
백일잔치를 하는 양 높게 낮게 검은 원을 그리며
난리도 아니다

지네가 나타나 내리 사흘 에프 킬라를 왕창 뿌려대자
마당에 제비가 한 마리도 없다

해거름에 낯익은 소리가 나길래
문 열어 보니
어미 제비 꽁지가 보인다
제비집 하나도 근심을 보탠다

삼복

정침에 집 짓고 새끼 깐 제비 내외
섬돌 아래 똥무데기 높이 쌓더니
아예 안채 뜰을 다 차지하고
새끼 향한 교육열이 아침을 흔든다

토란잎에 고인 이슬 수정 같고
꽃대 올린 물칸나
항아리 속에서 개구리밥과 입씨름하고
조용히 집터 불리는 부처꽃
허공에 꽃탑 쌓는데
뒤란엔 오이랑 가지 고추가
행복한 밥상 상석에 앉겠다고 소란 떨고
묵묵히 세력 넓히는 호박잎
뒷날을 기약하고
밭고랑 덮은 고구마 순과 키 큰 들깨는
벌레들에게 이파리 다 뜯기고도
타는 햇볕에 고마움 전하는 자리

자줏빛 몸으로 향기 뿜는 소엽
경비병으로 선 무첨당

삼복에 들어
도라지꽃처럼
물봉골 환히 밝힌다

입추지절

텃밭에 늙어 가는 고추며 오이 가지가
땡볕에 배를 쩍 벌리고
대 이을 씨 살찌우느라 쭈글망태기가 되어간다

살림집 장만하는 게 뭐 그리 비밀이라고
근접도 못하게 성질부리는 말벌
기왓장 아래 독기를 감추고
멧비둘기 마당가에 얼쩡대다가
동경이 돌배에게 얻어터지게 하곤
화들짝 놀랜 빈 날갯짓에 마삿돌 더위 식힌다

단맛 든 목화 무덤덤하니 늦꽃 피우고
두어 개 열매에 단산하는 석류
무거워진 몸에 정수리 염색한 단감
새모시 파고드는 햇살에도 살랑이는 헛개 알맹이
조석으로 햇덩이를 들었다 내리는 채송화
찌륵 찌르륵 모기장 뚫고 드는 색다른 소리들에

기를 쓰고 엉겨 붙는 새삼 덩굴

방충망 위로 허연 햇살 얼금얼금 얽어지고
바지랑대 긴 그림자 저 혼자 놀고 지고

해당화

혈기 왕성한 넌
이슬만 먹고도 새끼를 잘도 낳아
가위손에 말쑥이 몸단장 했더구나

가시 위에 피워낸 너의 향기는
폐를 뚫고 단전에 머물며
미간을 펴고 입 꼬리를 들어 올리더니
레몬보다 더 많은 비타민을 잉태하고서
다시 꽃인양 익어가더구나

바닷가 모래밭에 있어야 할 널
언덕 위 고가 뜰에 자리하게 한 연유는
무작위로 캐내는 약체족들로부터
지켜내기 위한 식물애호가의 배려였단다

바닷바람 그리워하는 너의 몸짓은
뭇사람들 발길에 부여 잡혀

가시오가피를 만들고
석류도 만들고
홑 장미를 만들며
너의 이름을 바꾸더구나

추어탕

아슴푸레한 초승달 아래
된장 한 숟갈 떠 넣은 통발
나락 포기 사이로 쓰윽 들이민다

모판 구멍 같은 자잘한 욕심
질펀한 논바닥으로 쏟아 붓고
치솟는 기름 값에
너울너울 춤을 춘 비료, 농약 값에
새까맣게 타 드는 농심으로 지은 유기농 쌀
트랙터 임대료 제하고 나면
납작해지는 지갑

가을걷이해서 나이 먹은 냉장고
전기 덜 먹는 신형으로
삐거덕 거리는 손목 호강시키려고
사고 팠던 식기세척기
툭구바리 깨어지듯 한 부푼 꿈

살이 올라 토룡이 된 미꾸라지
텃밭에 갓 뽑아 온 푸성귀에
어우러진 간장 맛이
가마솥 뚜껑을 밀고 나와
한가위 손님을 맞는다

* 툭구바리 : 뚝배기의 안동 방언.

어거지

마당가 감나무 고운 옷 갈아입더니
이른 추위에 부르르 떤다

들기름 먹인 마루장
마른걸레질하면 반짝임 좋아
욕심 많은 아낙 시시때때로 문지른다

갑자기 닥친 낯선 남정네
이언적 생가라 적어놓으면 안돼요
찾느라 한 시간을 돌아서 왔다며 원망한다

"후손이 이렇게 지키고 있는데
선조 휘자를 막 부르시니 듣기가 민망합니다"
되레 목청을 높이는 남정네
뭘 모르네
이름이란 자고로 부르라고 있는 것 이라며 훈계를 한다

난간에 살포시 내려앉은 고추잠자리
갸우뚱갸우뚱 거리고
안주인 힘들어간 마른걸레질
빡빡 더 빨라진다

벌초

어머님
돌배기던 막내가 이제사
당신의 존재를 알았습니다
답해 줄 아무것도 아는 게 없는
어미의 가슴을 난도질 하는
아이를 데리고
오늘 당신의 집을 찾았습니다
여전히 온화함으로만 화답하시는 당신을
참 많이도 원망하였습니다

당신에 대해 아무것도 아는 게 없는
맏며느리는 그저 묵묵부답으로
갈퀴질만 연신 해댈 뿐
사랑, 용서, 인내, 화목하려 애썼던
삶의 생채기를
남편의 예초기 날에 실어
싹둑 날려버리고
더 많이 포용하고 베푸는 삶으로
가족들 앞에 서렵니다

제사

바람 따라 일렁이는 촛불아래
대소가가 모였다

유~세~차~
가신님의 일대기가 축관의 입으로 전해올 제
백 년 전 삶의 그림자를
쫓아가는 나그네가 된다

황도포에 관탕을 한 제관들의 매무새는
똑같을 진대
이 밤이 지나고 나면
한해를 기약함이 서러와
아이고아이고 곡소리 높여만 들고

초헌 아헌 종헌 경과보고에
퇴주그릇에는
촛불 그림자만 일렁이고

음복 준비에 혼이 빠지는 증손부, 나는
시간에 쫓기는 이방인이 된다

음복

종부요
술 안 새는 술 좀 주소
순간 헷갈린다
처음 뵙는 제관이시라
멀뚱거리니
종손 삼촌이
술 가득 담아 달라카디더 한다

빈 주전자가 몇 번씩 들고 나더니
화기애애한 분위기
이 방, 저 방에서 익어간다

고두밥 쪄 널어 두고
차나락 짚으로 연기 올려
비나이다, 비나이다
조상님께 올릴 제주입니다
좋은 기운 모이게 해 주십시오
애간장 녹이던 가슴 쓸어 내려앉은 자리
서말치 독만이 무덤덤

설거지

널브러진 부엌 간
소로시 몸만 빠져 나간 흔적
뚜두둑 뚜두둑 손목이 랩을 한다
살살 달래며 살아
어설프게 달린 군더더기
구린내 풍겨온다
서러움 토한 손바닥
베베 꼬아 낸 새끼줄
곱게 갈은 기왓장
가마때기 펼쳐두고서
녹 낀 메기 둥글둥글 굴리고
얼그리 취기 오른 잔대
손가락 끝이 아리우게 눌러 문대니
어여쁜 평 접시
귀티에 눈이 부시누만
가슴 한 켠 앉은 때
북풍한설에 실타래 풀 듯 풀어보노만
세제 거품만 부글부글

수세미

삭은 볏짚 위 어설프게 얽힌 덤불
억세지도 못한 하나 줄기에
마디마다 손바닥 펴고 맺은 꽃대
길찍길찍한 자식들 길러
한 지붕을 다 차지하고 앉은 일가

심술스런 무서리 살짝 지난날
실한 놈 하나 잡아 배를 가르니
새까만 군사가 와르르 품안으로 쫓아든다

내년에는 저 터가 제집이라 우기는
녀석들의 달그락거림에
건강관리 잘 한 놈이 일 순위라고 엄포를 날리자
박 바가지 안으로 조용히 잦아드는 소리
바람이 몰고 간다

참살이 하려 가까이 한지 몇 해

전생에 무슨 업장이 그리도 두터운지
시작과 끝의 고리마저 얽혀 버린 인연
늘그막에 비누거품 뒤집어쓰고
물마를 날 없이
여인네 손아귀 세상 속에서만 논다

힘

수화기 너머 낯선 목소리
동짓달 불천위 제사를
옛날식으로 지내느냐 묻는다
"간 김에 사진 몇 장 찍고
구경이나 할까 해서요"

회재 선조 신위 앞
오백년을 이어 온 추모의 마음
세계문화유산 등재 이후
뜬금없는 연구자들

뜨끈한 구들장
손님들과 함께한 음복상
빨간 입술 자욱 찍힌 술잔까지
씻어 엎은 희붐한 축시에
회재선조 개과잠이
세상 밖으로 반듯하니 걸어 나간다

밤 치기

별 밝은 날
평상 위 나란히 누웠던
인물 좋은 알밤
긴긴 동짓달 밤 속옷 벗겼다

우윳빛 살갗에 습기가 촉촉한데
주인장 가슴을 아리우는 벌레 구멍
얼마나 아팠을꼬
채칼로 도려내자니 한손이 부들부들

회재 할배 제사상
별르고 별러 기다렸더니만
속 골병 든 신세

안쓰러움에 가 둘리지 못하고
손 채워 원혼 달래고 나니
백정이 된 오늘 하루

채근담

몸이 세 개라도 모자랄
긴긴 겨울 짧은 해에
자꾸만 시계바늘을 올려다본다

대문 닫힐 겨를 없는 종택의 살림에
세 아이 일과를 실어 나르고
찾아 드는 손님 대접까지
소소한 일들이 줄을 서서
매일이 동동걸음이다

일찌감치 군불 지피는 장작에
불꽃 튀는 소리가 기왓장을 울리고
단지굴뚝 위로
뭉실뭉실 피어오르는 연기 낮게 내려 앉아
주인장에게 말 걸어 준다
서두르지 마세요
순리대로 살다보면 만사형통 되리라

바람

나무대문이 격투기 시합을 한다

밤나무 잔가지에 몸을 맡긴 비닐 봉다리
현악기 소리로 응원한다

청포 입은 죽군자 장단에 현란한 춤을 추고
흙바람 관객을 모으러 동산 향해 내 쫓던 밤 지나니
훤한 마당 늦잠 잔다

남 밑에선 개곶어 일 못하겠고
막노동은 힘들어 못하겠고
거창한 뭣 해 보려니 자금이 딸리고
세상 물정 둔한 사람 옭아매어 한 시절 거들먹이다
불시검문 만난 난봉꾼

허풍 앞세워 찾은 고택에
쌩한 바람이 쫓아 나와 시시비비를 가린다

뚝배기

십 수 년 전 시집 올 때
신접살림나면 쓰라하시던
뚝배기 세 개

양각한 꽃 모양에 노랑 뚜껑
식구가 하도 많아 찬장에 모셔두다가
객식구 다 떠나고 내려 본 그릇

찬 것, 더운 것 가리지 않고 받아들이지만
세제는 거부할 줄 안다
토박이답게 쌀뜨물로 몸을 씻는 정갈함

새파란 불꽃위에 얹어
보글보글 끓이는 시래기찌게
반지르르 한 햅쌀밥에
척척 걸친 시래기
뜨거운 된장국물에
신접살림 꿈꾸던 나날 녹아내린
온기를 가족에게 먹인다

종합선물세트

차종손 백일날
대소가 어른들 말씀이
씨도둑은 못한다 신다

댓살 유치원부터 가는 곳곳마다
"니 누구 아들이제" 알아보니
동네 점방도 잘 못 가고
어른분네 만나면
자동으로 고개가 수그러진단다

똑같다고 호들갑인 딸의 손에서
아버지 중학교 때 사진을 뺏어 들고

역삼각형의 큰 두상에
퉁퉁한 발등, 넓은 볼
누런 피부에 닭살까지 꼽아 보고는
"아부지는 어짜자고 종합선물세트를 주셨나요"

애궂은 발등을 두들기면
찡긋 눈썹을 올린다

장아찌

연유도 없이 널뛰는 생각들
답 없는 물음표만 찍어 놓는다
묻지도, 알려고도 말라는 무표정을
속절없이 바라보다 속 끓는 어미
한 바가지 소금을 흩였다

애간장을 녹이는 소쩍새 소리 가까운데
인터넷에 저당 잡힌 눈
MP3에 전세 준 귀
널너리한 잡동사니가 사춘기라니
초등학교 교사가 되겠다던 희망 사항에
노란불이 꺼졌다, 켜졌다 한다

정안수 한 사발
덩그러니 앉았던 장독대
시원한 한자락 바람이
애타는 어미 심정 씨익 감아 도는데

매운 마늘
냄새 독한 당귀
까만 간장 속에 꼭꼭 재우고

생의 달관자인 양 빙시레 웃는 항아리를
서늘한 장고방에 들여 놓는다

봄 방학

아들 아이 학교 앞
다닥다닥 붙은 학원
맥빠진 어깨 가방 위로
삐져나오는 잠
애써 외면한 채
문제집 들려 문을 밀친다

실컷 뛰어 놀아야 할 나이에
남의 나라 말과 씨름하고
쏟아진 숫자 틀에 끼워 맞춘다고 진땀을
빼 툭 튀어 나온 입
관상마저 바뀌는데

아파트 단지 앞 공터에서
비닐 덮고 선 경운기
한가롭게 아기햇살과 꼬리잡기 하며 논다

가족

이것저것 만지작거리노라니
"어머니께 맞는 사이즈가 있을까요"한다

검은색의 바지와 재킷을
골라 입고 보니
중년 아줌마의 훈장이
너무 당당하게 버티고 서서
민망스러움 감출 수 없는데

실실 흘리는 웃음에
"내 허리가 이만이라도 하니
네 머리통이 나온 줄이나 알어"

싹싹한 아들이 부럽다는
아리송한 말 건네는 옷가게 주인

가을밤

대청마루에 누웠노라니
앞마당 국화 향에 취한 별들
슬며시 옆에 와 눕는다

수학시험 말아 먹고
밥그릇 시위하는 딸아
힘이 있어야 멀리 뛰는 거야
다음을 위해 툭 털어 버리고
다시 한 번 용기를 내어 봐

의기소침한 아이 달래는 소리
욕심 많은 엄마를 나무라는 소리
별들의 위로에 깊어 가는 가을밤

귀뚜리

함수 풀이로 늦게까지 불 밝힌 아이
문제 접근이 힘겨웁다고
노래를 부르지만
식솔들 중 아무도 알 수 없으니
고스란히 제 몫

절규에 가까운 아이의 목소리
오늘밤 안에 힘을 다 뱉어 내어서는 안돼

생각에 꼬릴 물어 갈 즘
귀뚜리는
눈썹달의 지휘로
쉼표 없는 악보를 잘도 연주하네

길어 가는 갈 밤의 향연에
아이의 숨소리가 고르게 들린다

주말 단풍

주말 일기예보는
얼음이 얼고 갑자기 추워진단다

몇 번의 된서리에
일찍 잠이 든 풀들은 말라들고
수돗가 덮던 단풍나무
빨간 옷 벗고 속살 드러내고
무겁게 달았던 알맹이 얼까
이불 덮는 은행나무

철만난 천둥오리
안계 못을 날아올라 양동들로 산책 나가고
오백년을 이어 온 조용한 마을에
주말마다 여행객의 색색 옷 빛깔

고구마 캐던 날

꼬맹이 반 녀석들 가을걷이 날
달랑 빈 몸으로 와 땅을 뒤집는다

모카커피 한통 값 모종으로 댓 고랑 심어
여름내 순 따서 이웃과 정 나누고도
이내 새순을 돋던 이들이들한 줄기를 댕강댕강 잘랐더니
보얀 진물이 흙의 진실을 말한다

심 봤다고 소리치는 아이들 두 손에 뽑혀 올린 고구마

움푹 패인 구덩이
갓난쟁이 머리통만한 씨알 뱉어내고 휴식을 찾는다

가족 수 만큼씩 담아 가겠다고
비닐 봉다리 벌리고 선 녀석들의
넉넉한 마음 변치 말고 건강하게 잘 크길 기원하며
텅 빈 밭을 정리한다

신호등

가을걷이 막바지 논을
가로 지른 큰길에
반짝 빛을 내는 신호등
시간 지켜 색불을 켜는 전기 순사다

빠알간 벚나무잎
노오란 은행잎
수수한 느티나무잎
우르르 떼로 날아오르니
성난 순사 빨간 눈 더 크게 떠 봐도
뒤도 돌아보지 않는데

제 키만 한 가방 울러 맨 꼬마
오른손을 번쩍 쳐들고
또박또박 발걸음 옮기니
무거운 짐 실은 트럭
무 실은 경운기도
하얀 줄 따라 차례로 멈춘다

첫눈

새끼손가락 끄트머리
반달같이 물든
봉선화

첫눈 내릴 때까지 남으면
이루어진다던 첫사랑

견우직녀 만나는 날
소금 넣어 찧었지

이제는
딸아이 손톱에
물들여 준다

주산

목장갑 한 묶음
꼬지 한 봉
고무줄 한 묶음
한 숟가락 푹 떠
신문지에 도르르 말은 사카린, 이스트 값

떠덕떠덕 때 묻은 수판으로
척척 셈하는 잡화 도매상 영감님

참깨자루 동개 놓고
전자계산기 숫자 하나씩 꾹꾹 눌러
수입 단가까지 계산하는 기름방 할배

더하기 빼기가 신기하다고 내미는 주산
어릴 때 기억을 튕겨본다

거뭇한 구렛나루 가로지른 연필 빼

뭉툭한 손가락 사이에 걸어
한 알씩 올리고 내려
한 치의 오차도 없이
값을 셈하던 쌀집 아저씨는
학원 안다녀도 세월 역행 않고 잘만 살던데

교실에 다시 나타난
주산 암산 교육에
아이들 쫓아갈 학원 하나 더 생겼구나

안강 장날

촌 할매들 푸성귀 전을 돌아
어물전 골목 들어서면
뺑이요! 소리

연기와 김이 휘감은 작은 점방
걸걸한 목소리
검뎅이 묻은 면상으로
시장 통 이야기, 살아온 이야기
타임머신을 태우는 막걸리 같은 주인장
혹여 박수무당인가 싶으다

활활 타 오르는 불빛의 조명 아래
신명나게 춤추는 허연 김
멋 떨어진 권주가 뺑이요!

짧은 겨울 햇살에
나란히 누운 막걸리 병
반짝 윤이 난다

기발한 신상품

아기의 예쁜 배낭에
긴 줄 하나 달려 나온 신상품

번지러운 세 살 배기
강아지 목줄 당기듯
잡았다 놓았다 한다
나부대는 아이 멀리 못 가게
당겼다 놓았다 한다
안 돼, 그만이란 말
알아듣지 못하는 아이
팽팽한 줄에 이끌려
가슴만 앞서고 제자리걸음하는
작은 몸 마구 흔들어댄다

보육원에서

아홉 마리 병아리
바닥에 흩어진 과자부스러기 쫀다
두어 번 입성에 과자 한 봉 금방 동났네

햇살 좋은 날
엄마 따라 먹거리 찾아 나선 길 또렷이 떠올라
눈치 구단의 아이어른 되어
넓은 세상 버팀목 없이 서기가 만만치가 않다

눈에 넣어도 아프지 않을 것을 보육원에 맡겨 두고
일 년에 서너 번 데려다
쇼핑하고 외식하고 선물 안겨준다는

사람의 정이 그리워 기대는 어깨위에
아프지 말고, 공부 열심히 하다보면
너희들의 맑은 눈을 인정하는 사람을
만날 거라 말하는 짠한 어른 속마음

제3부

멧비둘기

봄비

풀물 빠져 허늘한
이불 호청 벗겨내니
겨울을 들이킨 목화솜이
누렇게 늘어져 누웠다

켜켜이 쌓인 잔 먼지
문풍지 사이로 들락이는 바람 옷 되어
속닥속닥 귀엣말 엿 듣는다

성질 급한 매화가
간밤에 낯을 씻었다고
상사화 하고 수선화가
엉덩이 힘마저 머리끝에 밀어 올려
달리기 선수처럼 햇빛 찾아
출발 신호 기다리고

간밤 비에 싹 틔우는 어미의
산고가 엄청 나더란다

소엽

삼복, 따가운 땡볕에
전신의 힘을 땅으로 내려놓고
먼 하늘의 구름 한조각까지도
설렘으로 기다리던 너

삐끔삐끔한 돌담 구멍에 힘겨이 붙어 섰던 모습
안쓰러워 한 삽에 부들부들한 텃밭머리로 이사 시키고
무심히 오가는 걸음에도 반가운 향내를 풍겨
바람처럼 쓰윽 어루만져 주었더니
한마디씩 키를 쑥쑥 키워 올렸지

맑디맑은 아침 이슬에
흙을 감춰버린 녹음방초에
자줏빛 몸 홀로 당당히 섰는 기운을 높이 사
땀내고 속 다스리는 약으로 삼았나 보네

입추 지나 처서임에

향기로웠던 너의 일부를 뚝 분질러
장단지 뚜껑 열고 툭 던진다
꼬까지 피지 말고, 군내 풍기지 말라고

멧비둘기

겨울비는 추적추적 내리고
우산 쓰고 앉은 뒤란 아궁이
장작 타는 소리 유별난데
아랫도리는 뜨겁고 콧등은 쐐하다

솥단지 안에 제 밥 든 걸 안다는 듯
백구일가의 말똥말똥한 눈이 열개
구순내 연기 따라 안달 난 바람이
아궁이 밖으로 센 심술 확확 불어내자
연신 고개를 빼밀던 백구일가
엉덩방아 찧고 벌러덩 나자빠진다

아랑곳없는 뒷산 멧비둘기
구구~구구~구구구~
기집 죽고 아들 죽고
구구~구구~구구구~
물가 논 수해 나서 떠내려가고

산 아래 밭은 흙에 깔려 묻히고

구구~구구~구구구~

먹고 살길 없던 옛사람

비둘기 원혼이 되어

제 살았을 적 가난을 구슬프게 읊는다

겨울비는 추적추적 내리고

봄 마중

술 익은 항아리가 손님을 청했다

노란 산수유꽃이
햇살을 잡고 와서
주안상을 차린다

안주 접시에
민요 한 가락 담아
젓가락 두드리는 장단에
냉이 꽃대 올려
살랑살랑 몸을 흔든다

매화

빨간 코끝의 뻥튀기 달인
알곡들 품평회를 열고
장꾼들 보따리의
싱싱한 향내가
지갑 뚜껑을 연다

뻥 소리에 도망가는 꽃잎 씻어
따뜻한 물에 우려내니
목젖을 타고
자잘하게 봄이 피어난다

목련

일렁이는 물결 구물구물
구도의 길나선 형산강 골부리

남도를 달려 온 햇살
아직 어린데
물구나무서서
성찰의 꽃 피운다

겨우내
검게 굳은 업장 벗고
환생한 골부리의
숭고하고 우아한 몸짓
눈부신 하늘에 닿아 있다

산불, 꽃불

모델처럼 치장한 아이들
벚꽃보다 이쁜데
나는 꽃잎 잡느라 뻗은 손
겅중겅중 걷는 황새 닮았다

무심히 던진 담배꽁초가 부린 오기
소금강산을 삽시간에 삼켜
고목들은 검은 재로 옷을 입는다

경주 보문호 꽃불에 난 인사태는
왁자지껄 추억을 찍어내고
산불에 멍든 소금강산 산심은
소생의 씨앗 찾느라 안간힘을 쓰는데

산 아래 식당 앞 앵초꽃만
향수병에 든다

까마귀 울면

앞동산에 까마귀
내리 사나흘을 울었다
직박구리, 오목눈이
질세라 목청을 돋우고

입추 경칩 지난 시간은 곡우를 향해 달리고
상노인 계신 집 알전구 섬돌 위에 잔다

열일곱 살에 혼인하여 갑자 세월
미소로 마감던 주인 영정 앞의
소복한 미망인 향해
생전 정 쏟았던 동경이 고개 떨구어 조문하고
청매화 하얀 꽃잎 꼬옥 다문 입술 파르르 열리고
푸른 잎 더 짙어진 상사화 꽃대 기다리는데

까마귀 울면 초상난다더니
꽃상여 나가자 멀리 날아간 놈 영험하구나

뺑소니

물안개 속
이슬 털어 주는 손 반가워
살포시 고개 디민 딸기
한바구니 소복하게 땄는데도
밭둑 위를 빨갛게 물들이고 있다
어느새 성큼 뛰어온 햇살이
정수리 밑을 긁어대니
바구니 냅다 던지고
시원한 바닷바람 맞으러
칠포 가는 길에
흰나비 한 마리 무단횡단 하다가
앞 유리창을 박고 나가떨어진다
질주하는 차들 속에
유유히 묻혀 든 내게
찔레꽃 가시 곤두세워
자꾸만 따라온다

석양

엉덩이 하늘 이고
보리 베는 늙은 내외

읍내 갈 때 밭고랑 사이에 들었더니
돌아 올 때까지 밭둑 언저리다

할멈 부지런히 낫질을 하는데
옆 논에는
이앙기 몇 바퀴에 모심기 다 되어
물소리 찰랑 찰랑이니

밭둑에 쭈그린 할배
소주병 나발을 불어
짠한 가슴에
서녘 하늘 발그레하게 멍든다

수수
— 돌떡

가뭄살에 수초랑 닮은 이파리
비 온 훗날 훌쩍 키 키우고
바람에 흔들어 몸매 자랑을 한다

날쌔게 날아온 산비둘기
콕콕 쪼아대는 수숫대

수로를 따라 상서로운 기운 머금고 붉어진
수수머리마다
초록, 빨강, 노랑 색색의 양파 자루를 씌우는
허리 굽은 노인네

손주 돌상에 얹을 수수떡 생각에
바람과 씨름하는 내리사랑이
강물에 한 폭 수묵화를 그린다

묵정밭

등 너머 도라지 밭에
한 두 촉씩 싹 돋던 개망초
늘씬한 몸에 꽃 피워 주인 행세 하고 있다

불혹을 넘겨 시작한 시 쓰기
저만치 앞서가는 생각을 따라 잡지 못하는 시어가
가슴에 넝쿨로 배배 꼬이는데

네발 나비 머릿냄새 맡다 가고
산호랑나비 날갯짓 쉬다 가고
무당벌레 한 마리 망초 줄기를 미끄러지니

국어사전에서 쏟아지는 낱말 쭈뼛쭈뼛 걸어든다

한나절 뽑은 잡초에
신수 훤한 도라지
훈풍에 밸리댄스를 추어 등가물을 나른다

명아주

이팔청춘에 잿빛 옷 입고
부처님 말씀 찾아 나선 수홍 스님
이웃의 응어리 진 삶에
관세음보살 손으로 어루만지고
진리 찾아 드는 길손에게
안방 문 열어 쉼터 나누고
금장 경로당에
간이역장이 되어
여낙낙한 시간을 뿌리신다

축축 늘어지는 삼복
바람이 간혹 죽비처럼 불어 내리면
모시적삼 깃 여미며
우거진 잡초 속에
깊숙이 발 묻고
황록색 꽃을 피워내는 명아주

설익은 수박

백년대계인 학교도
비켜 앉은 자리에
시멘트 건물이
떡 물(勿)자 혈을 막는다

세상 이목이 모여드니
일층은 흙을 날라다 감추고
대나무로 울을 치고
느티나무 앞으로 막고
오랜 소나무로 입구를 막고

연일 실려 온 노거수들이
터를 잡아드노니
호박에 줄긋는다고 수박되나

짧은 혜안이
오백년 지기를 쥐락펴락

텃세

산허리 뭉텅 잘라 먹고
불쑥 솟은 용흥 우방아파트 회색 옷 사이
키 작은 향나무 아래에
사건 빼곡한 어제 활자 깔고 앉아
두 시간을 나누기하다가
개미 땅 침입 죄로 종아리에
몇 개의 낙인을 찍었다

자투리 시간 메울 요량으로 들른 바느질집
머리 맞댄 새내기 아줌씨들
수강료 낸 봉투 수로 이바구 하고
아랫배 재산 나눠 보관하러 들른 헬스장
쑥덕쑥덕 한 팀 나가고
부지런히 손전화 만지더니 한 팀 나가고
숫자 놀음 잘 하는 이들은
우면산 아래로 가고

세상은 돌고 도는 중에 잠시 쉬어 가자니
개미도 텃세를 부린다

■ 시집 평설

院落으로서의 '무첨당' 院內 · 外 풍경보

박 진 환

(시인 · 문학평론가)

院落으로서의 '무첨당' 院內·外 풍경보

박 진 환
(시인 · 문학평론가)

1. 전제

유교적 정신 덕목을 근간으로 이어온 집안에는 반드시 가통과 가풍이 있기 마련이다. 그것은 선대의 덕을 좇을 줄 아는 범절을 중시하기 때문이고 동시에 가문에 대대로 내려오는 가풍을 중시하고 가통에의 자긍심을 내세울 줄 아는 법통을 이어 오고 있기 때문이다.

울타리에 둘러싸인 큰 집을 院落이라 일컫는다. 집이 크고 웅장하고 화려하다 하여 다 가통이나 가풍을 지니고 있는 것은 아니다. 가통과 가풍은 집이 지니고 있는 외양이 아니라 혈통으로 이어져 내려오는 뿌리를 근간으로 하여 면면히 계승 내지 전승되어온 풍습의 범절로 육화된 정신 덕목으로 울타리를 치고 있는 院落이기 때문이다.

晦齋 李彦迪 선생의 고택인 무첨당은 바로 그러한 가통과 가풍을 고스란히 지니고 있는 정신 덕목으로 울타리를 두른 院落이라 할 수 있다.

조선조 중엽의 대 성리학자였던 이언적 선생의 호는 회재다. 주지하시다시피 회재의 업적은 성리학을 이론적으로 체계화하여 숭유의 국시로 발달시킨 정론가였다는 점을 좌찬성이란 벼슬보다 높게 내세울 수 있다.

무첨당은 바로 회재의 이러한 정신을 가통과 가풍으로 이어 내려오고 있는 院落에서 세계문화유산이라는 지구촌의 정신적 문화 공간으로 자리매김하고 있다. 勿字 형상의 고택을 유지·보존해야 한다고 유네스코에서 세계문화유산으로 지정했기 때문이다.

유네스코는 교육·과학·문화를 통한 세계 각 국민 사이의 이해를 증진, 세계 평화와 인류 공동의 복지 증진에 이바지하고자 하는 목적으로 설립된 국제기관이다.

문제는 유네스코의 목적이 아니라 이 목적에 기여하는 문화적 역할의 일익을 무첨당이 맡게 됐다는 점이다. 그 일익 중엔 勿字 형상의 고가가 보여주는 외양이 아닌, 그 이면에 면면히 흐르고 있는 가통과 가풍이 말해주는 정신 덕목으로서의 전통 맥락의 풍습과 범절이라고 할 수 있다.

시집 『무첨당의 5월』은 바로 5백년의 오랜 역사를 지닌 '무첨당'의 사계를 형상으로 재구성한 무첨당의 종손부인 신순임 시인의 시집이다. 시집 서문을 소개했을 때 이해를 도울 것으로 여겨져 시에 앞서 제시해 본다.

시인이란 이름값이 무거워
집안에 고이 모셔 두고만 본다

도리 기둥에 내려앉은 달빛도 시를 쓰는데
아직도 시의 길은 멀기만 하고
무시로 저벅저벅 걸어 들어오는 무첨당의 사계를
있는 그대로 옮겨보았다

조선의 양반마을,
오백년을 지켜 온 세계문화유산의 빗장을 열어
지구촌에 선보이는 즈음
미약하나마 회재 선조의 명망을 찾아드는 내방객에게
솟을대문 열어젖히면 막아서는 내당 중문,
베일 속에 가려져 있던 내당을
장독대까지 다 열어 보여
혹여 무첨당의 무게를 줄이지는 않았는지
맘 쓰인다

오늘도 집안 구석구석 찬찬히 살펴보며…….

제시한 서문에는 눈여겨 볼 대목이 있다. 하나는 '무시로 저벅저벅 걸어오는 무첨당의 사계를 있는 그대로 옮겨 보았다'는 대목이고, 다른 하나는 '조선의 양반 마을, 오백년을 지켜온 세계문화유산'이라는 대목이다. 전자의 경우는 무첨당이 화자의 시적 발상 근저가 되어 준다는 점이고, 후자의 경우는 무첨당이 세계문화유산으로 등재됨으로써 화자가 겪는 체험이다. 그러나 이 두 경우는 서로 각각이 아니라 무첨당을 시의 발상지로서의 院落으로 삼고 院外, 院內 두 공간을 넘나들며 형상화 작업을 했다는 뜻이 되고 시집 『무첨당의 5월』은 이를 한데 모아 묶은 것이 되게 된다.

이러한 전제는 시집 『무첨당의 5월』을 두 시역으로 나누어 조명하게 하는 근거를 제공한다. 그 하나는 院內, 즉 '무첨당'을 중심으로 그 안에서 일어나고 있었고 체험했던 것들을 시적 형상으로 재구성한 것에 조명의 초점을 맞출 수 있게 하고, 다른 하나는 院外, 곧 '무첨당' 밖의 세계에서 체험한 것들을 형상화 한 것에 초점을 맞추게 하는 두 관점에서의 조명을 요구하고 있기 때문이다. 시를 제시, 두 시역을 구체화했을 때 이해를 도울 것으로 본다.

2. 院落으로서의 무첨당 院內 풍경보

가통은 집안 대대로 내려오는 집안내림을 의미한다. 그리고 가풍은 집안 대대로 내려오는 풍습의 범절을 의미한다. 같은 듯 다르고 다른 듯 같은 개념의 범주에 포함되는 가통과 가풍은 한마디로 조상대대로 전해 내려오는 家系 내지 가족사와 함께, 가계를 통해 이어 내려져 오는 풍습과 범절로 집약될 수 있게 된다. 그 때문에 옛 법도를 좇는 古道로서의 법도가 있기 마련이고, 법도 속엔 정신적 맥락으로 이어져 오는 정신 덕목과 이를 실천하는 풍습과 범절이 있기 마련이게 된다.

'무첨당'이라고 예외일 수 있겠는가.

선인들의 생활양식은 물론, 정신적 추구와 이의 실천·실행을 위한 정신 지향과 행동 지향이 수반하기 마련이게 된다. 더구나 이 법통을 지키고 이으면서 실천·실행해야하는 종갓집 종부의 경우라면 더 말할 나위가 없게 된다.

'무첨당'의 종부인 신순임 시인의 경우가 그러하다. 시인 스스로가 서문에서 밝혔듯이 시집 『무첨당의 5월』은 무첨당의 사계를 옮긴 것이니 '무첨당'일지와 다를 바가 없고 사계를 옮겼으니 '무첨당'이 시의 발상지요, 발상의 근저요, 시의 공간이게 된다. 몇 편의 시를 예시 했을 때 이해를 도울 것으로 본다.

가) 입구자 골기와집 너른 뜰에
주인의 휘자와 명성 선명하게 박힌 안내판
덩그렇게 서서 나그네의 발길을 잡는데
좇아 나와 빗장 끌러 주인장에게 알리는 이도
낭랑한 글 읽는 소리도 없이
차별화된 민박집 숙박료가 화두이다

겸암 선생의 드넓었던 혜안은
화천서원에서 빛발하고
징비록 집필하신 옥연정사 아래
낙동강 백사장엔
서애선생의 구국충절이 묻혀드는데

표 먹는 사람들은
하나 같이 오백년을 거슬러 먹고
부용지애
리허설 중인 연기자들 등 뒤론
쉼 없이 자맥질하는 나룻배 허연 거품을 토하네

유네스코 등재 1주년 기념 축제에
모래알만큼의 구경꾼들 내뿜는 열기에
말 잃은 낙동강
습기를 부려 놓기 바쁘구나

나) 고운 설빔을 차려 입고서
조상님 계신 태극문 열어
새해가 밝았음을 사려
세배를 올렸습니다

도포에 갓 쓴 어른

신식 문명을 받아들인 신세대
때때옷 곱게 입은 동자
4대가 함께 맞은 설날

어버이에서 웃어른께는
건강하시고, 복된 생이길 기원하며
문 밖에서 절 올립니다

형제끼리는 맞절을 해
서로를 위해줍니다

다) 바람 따라 일렁이는 촛불아래
대소가가 모였다

유~세~차~
가신님의 일대기가 축관의 입으로 전해올 제
백 년 전 삶의 그림자를
좇아가는 나그네가 된다

황도포에 관탕을 한 제관들의 매무새는
똑같을 진대
이 밤이 지나고 나면
한해를 기약함이 서러와

아이고아이고 곡소리 높여만 들고

초헌 아헌 종헌 경과보고에
퇴주그릇에는
촛불 그림자만 일렁이고

음복 준비에 혼이 빠지는 증손부, 나는
시간에 쫓기는 이방인이 된다

예시 가)는 '하회'라는 부제가 붙은 시 「물도리 마을」, 나)는 「세배」, 다)는 「제사」의 각각 전문이다. 가)는 유네스코 등재 1주년을 맞은 하회마을의 축제분위기를, 나)는 새해맞이 세배를, 다)는 조상의 제사를 형상화하고 있는데 각기 다른 시적 대상이면서도 이면에는 서로가 잇대이는 맥락을 지니고 있다. '무첨당'을 중심으로 엮어지는 전래적 풍습과 범절 등의 동류항들이 연계시키는 이음새의 맥락성이다.

전통 맥락이 같고, 풍속이 같고, 범절이 다르지 않다면 이는 정신 맥락을 같이 한다는 뜻이 되고, 정신 맥락을 같이 한다는 것은 가통과 가풍을 같이 함을 의미한다. '입구자 골기와 집 너른 뜰'로 암시하는 기와집과 '유네스코 등재 1주년'으로 암시한 두 암시역에 '무첨당'이 있고, '무첨당'의 내력을 대표하는 '세배'와 '제사'로 풍습 범절을 암시함으로써 '院落'으로서의 院內의 1경은 펼쳐진 셈이다.

여기에서 끝나지 않고 이어지는 제2경이 시집 제목이기도 한 『무첨당의 5월』이다.

나랏님도 살지 못하는 국가 보물에 살고 있으니
전생의 무슨 복을 지었는지

너른 뜰에 자연이 빚은 조화로움
무첨당 파련대공과 맞장을 두는 봄날
비탈진 언덕에 금방이라도 곤두박질칠 것 같은
복두 밥사발이 일렁인다
은근한 한약 향내 퉁벌이 먼저 시식하는 작약밭
수줍은 털 고깔 눌러 쓴 해당화 열매
덤불 위에 얌전히 올라 앉아
먼데 바닷바람 그리고
감나무 아래를 통으로 깔고 앉은 봄 구절초
댓살 아이랑 키재기를 하는데
널따란 마당에 흩뿌리던 송화가루
엊그제 비에 한풀 꺾여
벌겋게 숭숭 뚫린 구멍이 어미 아랫배 마냥 축 늘어진다

풍습・범절과는 다른 풍경으로서 '무첨당'뜰에 펼쳐진 院內 경관으로서의 『무첨당의 5월』은 작약・이팝・해당화・구절초・상사화・청매화・산수유・며느리밥풀꽃 등 다투어

핀 꽃들로 사계를 장식하는 정원 풍경이다.

그런가하면 손을 맞기 위해 치장하는「문 바르기」와 뜰에 어리는「달빛」한 자락을 배치해 운치를 돋우기도 하고, 「중화절」이란 풍속 한 컷을 곁들임으로써 '무첨당'의 院內를 다양하게 풍경으로 펼쳐보여 주기도 한다. 제시한 예시들은 설명을 곁들이지 않아도 그림으로 채색한 풍경화를 대신한 無聲詩 역할을 담당할 것으로 보고 풀이를 생략한다.

창호지 숨구멍이
비닐 테잎 덧입히었더니
명줄 끊어진 바람의 동족들
경계의 끈 옥죄이다가
따끈한 밥 한 그릇, 민들레 샐러드에
무릎 꿇은 사이
활짝 열어젖힌 덧문 앞에
새색시 저고리 훔쳐 입은 수선화
반쯤 수그린 고개에
연정은 더욱이 피어나고
골다공증 앓는 창호지 수술대에 눕혀
한입 물로 잠재워
묵은 때 벗기고
튀어나온 칸살 두드려 박고
새 옷 갈아 입혔더니
봄기운 취한 고택

손님 맞을 준비 부산하다

—「문 바르기」 전문

맨드리한 주춧돌 땅의 기운 모으고
둥근 기둥 골고루 나눈 힘의 균등
처마선에 속살 걷어 올린 도리
난간에 새긴 연꽃문양이 천상계라

길게 뻗은 배롱나무 그림자
마당 깊이 들어와
고택 한 채를 더 지어 놓은
달빛의 마력

신선만이 노닌다는 천상에
청아한 대금소리
문살 하나하나에 꽂혀
지나는 바람소리도 한곡 보태이니
발아래 지상이야 내일이면 잊혀질저

—「달빛」 일부

이월 초하룻날
인간 세상으로 내려와
스무날 동안 농가의 실정을 살피고
하늘나라로 올라간다는

영등 할매
딸 치마 예쁘게 보이려고
바람을 만들고
며느리 명주옷 샘이 나서
비를 뿌린다고
시 어른은
지극 정성으로 영등 할매를 섬기셨다

—「중화절」 일부

3. '무첨당'의 院外 풍경보

'무첨당'의 院內 풍경보가 풍습과 범절로서의 전통 맥락의 정신 지향적인 것과 여기에 꽃으로 장식된 뜰과 창호와 달빛과 풍속 한 컷을 재단해다 곁들임으로써 형상으로 재구성했던 것과는 달리 院外 풍경은 세상 나들이를 통해 가슴에 담았다가 채색한 풍경화로 펼쳐 보여준 풍경보가 되어주고 있다. 역시 시를 제시했을 때 이해를 도울 것으로 본다.

가) 술 익은 항아리가 손님을 청했다

노란 산수유꽃이
햇살을 잡고 와서
주안상을 차린다

안주 접시에
민요 한 가락 담아
젓가락 두드리는 장단에
냉이 꽃대 올려
살랑살랑 몸을 흔든다

나) 주말 일기예보는
얼음이 얼고 갑자기 추워진단다

몇 번의 된서리에
일찍 잠이 든 풀들은 말라들고
수돗가 덮던 단풍나무
빨간 옷 벗고 속살 드러내고
무겁게 달았던 알맹이 얼까
이불 덮는 은행나무

철만난 천둥오리
안계 못을 날아올라 양동들로 산책 나가고
오백년을 이어 온 조용한 마을에
주말마다 여행객의 색색 옷 빛깔

다) 새끼손가락 끄트머리
반달같이 물든

봉선화

첫눈 내릴 때까지 남으면
이루어진다던 첫사랑

견우직녀 만나는 날
소금 넣어 찧었지

이제는
딸아이 손톱에
물들여 준다

예시) 가)는「봄마중」, 나)는「주말 단풍」,다)는「첫눈」의 각각 전문이다. 주로 계절을 다룬 시편들을 예시로 제시했는데 '무첨당'의 사계가 院內의 풍경이었다면 예시들은 院外의 사계를 대표하는 것들이었기 때문이다.

예시 가)는 첫 행의 발상이 달돌하다.

'술 익은 항아리가 손님을 청했다'는 발상과 봄맞이와는 동떨어지기 때문이다. 그러나 '산수유꽃이/햇살을 잡고 와서/주안상을 차린다'에 오면 사정은 달라진다. 꽃과 햇살과 주안상이 한데 어우러져 잔치가 이루어지고 잔치를 통해 봄맞이가 성립되기 때문이다.

예시 나)는 정작 주말 단풍 나들이와는 사뭇 그 발상이 다

르다. 정작 화자가 쓰고 싶었던 것은 울긋불긋한 단풍이 아니라 그와는 전혀 상관이 없이 단풍의 주말을 맞아 나들이 나온 여행객들의 색색의 옷이 문양으로 그려내는 채색성을 단풍에 오버랩시켜 재구성했던 것으로 받아들이게 하기 때문이다. 이 또한 동떨어진 것들을 한 질서의 시로 연계시키는 遠引的 비유로 볼 수 있고 이 점에서 당돌한 연상을 읽게 해주고 있다.

예시 다)도 엉뚱한 착상에서 시를 출발 시키고 있다. 첫눈과 그와는 거리가 먼 손톱 물들이는 봉선화는 당돌하다. 그러나 계절의 순환상으로 그렇다는 뜻이지 첫눈 내리는 날 손톱에 봉선화 꽃물들이던 먼 옛날을 추억하게 하는 첫눈 내리는 날의 회상으로 보면 매우 친근한 발상이 되게 된다. 화자는 바로 이러한 원인적인 것들을 후경에 감추고 그 전면에는 회상을 촉발시키는 첫눈을 전경화했던 것이 된다.

해석이야 어쨌건 신순임 시인의 시는 두 풍경보를 펼쳐 부여주고 있는데 그것이 '무첨당'을 발상으로 하여 안과 밖의 세계로 이원화한 것으로 볼 수 있고 위의 예시들은 밖의 시편들을 대표할 듯싶다. 그리고 이쯤에서 결론을 제시해도 될 것으로 본다.

3. 결어

지금까지의 조명은 신순임 시인의 첫 시집 『무첨당의 5월』을 대상으로 한 것들이다. 그 결과 시집 『무첨당의 5

월』은 '무첨당'을 시의 발상지 내지 시의 공간으로 설정, 그 안의 세계를 전경화 한 것과 그 밖의 것을 전경화한 것으로 이분법을 적용할 수 있게 했다. 그리고 院內의 풍경은 정신 지향을 후경으로 한 전경화로, 院外의 풍경은 '무첨당' 밖의 세계를 빌어다 전경화로 펼친 풍경보였다는데 귀결될 수 있다고 보고 이를 결론으로 제시한다.

▮ 후기

초침처럼 쉼 없이 달려온 일 년, 뒤돌아 확인하고 보충할 여유 없이 앞만 바라보다가 급브레이크를 밟는다.

유네스코 실사단은 물자(勿字) 형상의 골골에 자리 잡은 고가에서 실제로 주민들이 생활하고 있는 것을 보고 가장 후한 점수를 매기고 향후에도 그대로 유지, 보존이 가능할까 하는 의구심을 남기었다.

개발과 보존이란 명분으로 줄 당기기한 일 년, 덤프트럭에서 내리쏟는 건설 자재 소리 나날이 이어지고 황토 먹은 시멘트 서슴없이 안방까지 들어와 친환경이라 이름한다.

된장, 간장, 고추장독 장베*마저 벗기고 텃밭 푸성귀들마저 길바닥에 나앉게 하더니 곳곳에 CCTV란 감시자를 세우겠다는 탁상공론에 성난 주민들 입에 재갈을 물리고, 쌀농사 짓던 농심 관광객 앞에 서비스 정신을 바란다.

구경꾼들이 불편하다며 오솔길도 시멘트로 포장하고 플라스틱 볏짚을 이은 초가의 화장실에는 좌변기가 버젓이 들어앉아 에어컨 바람을 날린다. 정작 주민들은 파리, 모기 득실대는 재래식 똥간에서 뜨거운 속을 비운다.

원형 보존이란 이름에 볼모로 잡힌 마을사람들은 민박이나 하고 밥장사나 하고 포클레인을 몰고 오는 누구는 선거판이 멀지 않은가 눈 감고 있다.

마루엔 몇 대를 거친 괘종시계, 가고 싶으면 씩씩하게 가고 심심하면 섰다가 또 가고, 무심코 보고 움직였다간 낭패를 보면서도 그대로 둔 채 연속되는 손님맞이에 지친 몸과 마음을 매일매일 일기처럼 글을 쓰는 것으로 달래보는 것이다.

* 장베 : 장독을 덮는 무명 천.

가을볕 따가운 무첨당에서

신 순 임

신순임 시인은 1966년 경북 청송 출신으로 선린대학 문예창작과정을 수강했고 『조선문학』 신인 작품에 시가 당선되어 문단에 데뷔했다.

•

조선문학시인선 • 304

무첨당의 5월

2011년 11월 15일 인쇄
2011년 11월 20일 발행

지은이 / 신순임
발행인 / 박진환
펴낸곳 / 조선문학사
등록번호 / 1-2733

주소 • 110-092 서울 서대문구 홍제2동96-4
대표전화 / 730-2255
팩스 / 723-9373

ISBN 978-89-93614-72-5

정가 8,000원

* 인지는 저자와 합의 하에 생략
* 잘못된 책은 서점에서 교환해 드립니다.